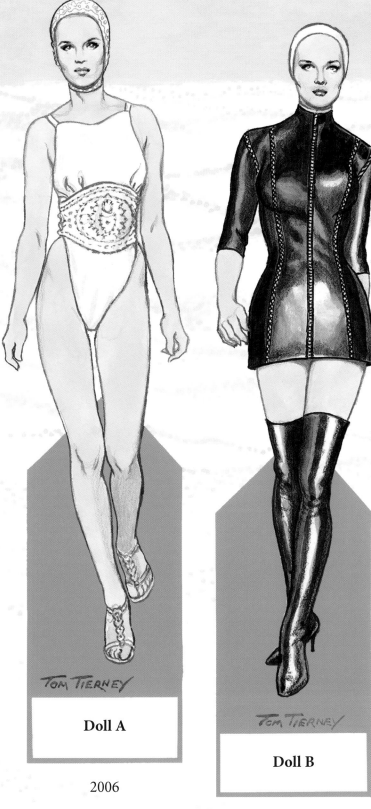

**Doll A**

2006

**Doll B**

2009

**Doll C**

2006

PLATE 1

B

C

A

A

2001 Fall Collection

2001 Fall Collection

2001 Fall Collection

PLATE 2

2002 Spring Collection

2002 Spring Collection

2002 Fall Collection

A

B

C

PLATE 3

2003 Fall Collection

2003 Spring Collection

PLATE 4

2003 Fall Collection

2003 Fall Collection

Plate 5

2004 Fall Collection

2004 Fall Collection

PLATE 6

A

B

B

C

C

2004 Fall Collection

2004 Fall Collection

2004 Fall Collection

PLATE 7

Cut out shape and glue edge, *except for bottom,* to back of head to form pocket for doll's head.

Cut out shape and glue edge, *except for bottom,* to back of head to form pocket for doll's head.

A

B

C

A

C

2005 Fall Collection

2005 Spring Collection

2005 Spring Collection

PLATE 8

A

B

C

2006 Fall Collection

2006 Fall Collection

2006 Fall Collection

PLATE 9

Cut out shape and glue edge, *except for bottom,* to back of head to form pocket for doll's head.

B

B

A

C

C

2007 Spring Collection

2007 Spring Collection

2007 Fall Collection

PLATE 10

2008 Fall Collection

2008 Fall Collection

PLATE 11

Cut out shape and glue edge, *except for bottom,* to back of head to form pocket for doll's head.

C

C

C

2009

PLATE 12

Cut out shape and glue edge, *except for bottom,* to back of head to form pocket for doll's head.

A

B

A

B

A

B

2009

2009

PLATE 13

2009

2009

PLATE 14

A

C

B

B

2009 Spring
Collection

2009 Spring
Collection

2010

PLATE 15